ANIMAIS SELVAGENS

Dados Internacionais de Catalogação na Publicação (CIP) de acordo com ISBD

C578a   Ciranda Cultural.

Animais selvagens: 3-D/ Ciranda Cultural; ilustrado por Shutterstock. - 2. ed. - Jandira, SP: Ciranda Cultural, 2023.
16p.: il.; 21,50cm x 28,00cm. - (Espetacular 3-D).

ISBN: 978-65-261-0543-6

1. Literatura infantil. 2. Curiosidade. 3. Animais. 4. Aprendizado. 5. Diversão. 6. Selva. 7. Viagem. I. Shutterstock. II. Título. III. Série.

CDD 028.58
CDU 82-93

2023-1020

Elaborado por Lucio Feitosa - CRB-8/8803

Índice para catálogo sistemático:
1. Literatura infantil 028.5
2. Literatura infantil 82-93

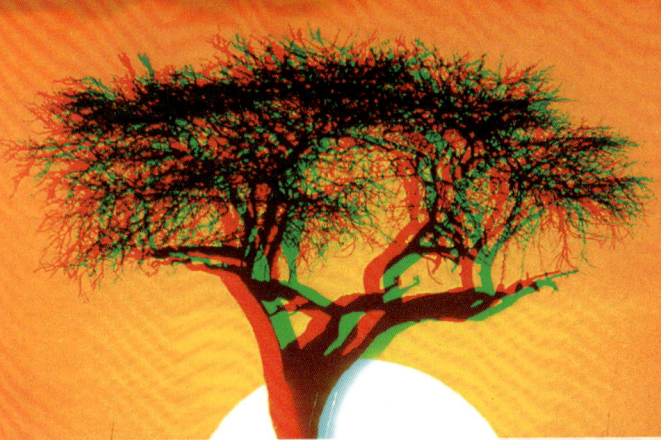

© 2023 Ciranda Cultural Editora e Distribuidora Ltda.
Produção: Ciranda Cultural
Imagens: jeep2499 Manamana/ Shutterstock.com;
Clement Kiragu/ Shutterstock.com; IHERPHOTO2/ Shutterstock.com;
Drew Horne/ Shutterstock.com; Eric Isselee/ Shutterstock.com;
Smit, Mariette Budel/ Shutterstock.com; Piotr Gatlik/ Shutterstock.com;
Mighty Sequoia Studio/ Shutterstock.com; Simon Dannhauer/ Shutterstock.com;
Albie Venter/ Shutterstock.com; Manamana/ Shutterstock.com;
Jerry Bouwmeester/ Gettyimages.com.

2ª Edição em 2023
2ª Impressão em 2024
www.cirandacultural.com.br
Todos os direitos reservados.

TIGRE

    O tigre é um animal que se alimenta da carne de outros animais, como porcos selvagens e cervos. Ele vive na floresta e lá encontra tudo de que precisa: água, abrigo e alimento. Capaz de saltar até 7 metros de distância, ele é veloz e ótimo nadador.

    A tigresa pode dar à luz de 1 a 4 filhotes por vez, e após os 18 primeiros meses, os machos já saem para viver sozinhos.

LEÃO

Não é só a juba que diferencia os leões das leoas. Os machos pesam por volta de 200 quilos, enquanto as fêmeas chegam a aproximadamente 150 quilos. O rei da selva cuida sempre de seu território, e quando dois bandos se encontram, lutas incríveis acontecem. Como não consegue correr grandes distâncias, o leão aproxima-se ao máximo de sua presa para atacá-la.

JACARÉ

O jacaré é um réptil e pode medir até 3 metros de comprimento. Com o corpo coberto por escamas, ele conta com a ajuda da cauda para se locomover. As narinas ficam no alto do focinho, para ajudá-lo a respirar quando está dentro da água. Ele gosta de tomar sol de dia e caçar à noite; suas presas preferidas são pequenos mamíferos, aves, peixes e moluscos.

RINOCERONTE

Esse grande animal vive em regiões secas e às vezes percorre longas distâncias para encontrar água.

A camada de pele que protege o rinoceronte pode chegar a 7 centímetros, e seu chifre é composto de pelos que formam uma estrutura resistente. Após 17 meses de gestação, o filhote de rinoceronte nasce com quase 25 quilos e alimenta-se de leite até os 2 anos. Depois, ele passa a comer plantas.

URSO

O urso nasce sem pelos, mas, com o tempo, seu corpo é coberto por uma espessa pelagem. A cabeça e o focinho são bem grandes, e os olhos são pequenos, o que dificulta sua visão. Já o olfato do urso é bastante aguçado. Ao nascerem, os filhotes são protegidos e amamentados pela mãe ursa. Após alguns anos, eles se alimentam de peixes e frutas.

ÁGUIA

A águia é uma ave de rapina, isto é, tem bico afiado e garras fortes, que são usadas para capturar suas presas. Por se alimentar também de peixes, algumas águias vivem em regiões próximas ao mar, a rios ou a lagos. Geralmente, a fêmea põe dois ovos por ninhada. Eles demoram pouco mais de um mês para eclodir e são postos em ninhos feitos com gravetos, galhos e grama no alto da copa das árvores.

ELEFANTE

O elefante é um mamífero, ou seja, alimenta-se de leite materno quando filhote. Ao chegar à fase adulta, o cardápio dele muda, e o gigante das selvas passa a comer arbustos, gravetos e cascas de árvores. O elefante usa a tromba para sentir cheiros e pegar as coisas. Além disso, ela é útil para alcançar o alimento e esguichar água.